Rezept-Übersicht

GRIECHISCHER Tortellini-SALAT

Kann am Vortag zubereitet werden.

Wenn der Salat etwas "trocken" geworden ist, einfach 2-4 EL heiße Gemüsebrühe zugeben und durchmischen.

Pro Portion:
571 kcal · 52 g KH
21 g EW · 29 g Fett

Zutaten

500 g Tortellini mit Spinat-Ricotta-Füllung (Kühlregal)
100 g TK-Erbsen
30 g Mandelblättchen
30 g gehackte Pistazien
100 g Fetakäse

FÜR DAS DRESSING

1 Knoblauchzehe
1 Hdv. frischer Oregano
1 Hdv. Basilikumblätter
80 g getr. Tomaten, in Öl
40 g Olivenöl
40 g Rotweinessig
1 EL Ahornsirup
1 TL Oregano, getr.
1 Prise Salz
¼ TL Pfeffer, gem.

TIPP FÜR Variante:

Sie können zum Salat noch gebratenes Gemüse geben (z. B. Paprika, Zucchini, Pilze, oder Aubergine). Anstelle von Fetakäse kann auch etwas Parmesan über den Salat gehobelt werden.

So geht's

Tortellini zusammen mit Erbsen ca. 2-3 Min. in kochendem Wasser kochen. Danach kalt abschrecken und in eine Schüssel geben. Mandelblättchen und Pistazien in einer beschichteten Pfanne ohne Fett rösten. Zu den Tortellini geben. Fetakäse mit den Händen zerbröseln und darübergeben.

Für das Dressing Knoblauchzehe und Kräuter im Mixtopf **5 Sek./Stufe 6** hacken. Getrocknete Tomaten zugeben und **3 Sek./Stufe 6** hacken. Restliche Zutaten für das Dressing zugeben und **10 Sek./Stufe 3** mixen. Über den Salat geben, vermengen und kalt stellen.

MEDITERRANER Orzo-Pasta-SALAT

Kann am Vortag zubereitet werden.

6 PORTIONEN

Zutaten

250 g	Orzo-Nudeln (Kritharaki)
200 g	Cocktailtomaten
100 g	Kalamata-Oliven, entsteint
150 g	Mozzarellabällchen (altern. Fetakäse)
40 g	Salatkörner, gemischt
1 Hdv.	Mini-Basilikumblätter

FÜR DAS DRESSING

1	Knoblauchzehe
1 kl.	rote Zwiebel, halbiert
40 g	Olivenöl
40 g	Balsamicoessig, hell
1 TL	Senf, mittelscharf
1 TL	Oregano, getr.
1 TL	Salz
½ TL	Pfeffer, gem.

TIPP FÜR **Variante:**

Sie können noch Rucola oder getrocknete Tomaten (in Öl) untermischen. Bitte Rucola erst vor dem Servieren zugeben.

So geht's

Nudeln nach Packungsanweisung garen und kalt abschrecken. In eine Schüssel geben. Cocktailtomaten und Oliven in Scheiben schneiden. Mozzarellabällchen halbieren. Zusammen mit den Salatkörnern und Basilikumblättern zu den Nudeln geben.

Für das Dressing Knoblauchzehe und Zwiebel im Mixtopf **5 Sek./Stufe 6** hacken. Restliche Zutaten für das Dressing zugeben und **10 Sek./Stufe 4** mixen. Über den Salat geben, vermengen und kalt stellen.

Pro Portion:
378 kcal · 36 g KH
12 g EW · 20 g Fett

8 PORTIONEN

LACHS-Tramezzini

MIT MAYO & EI

2	Eier, hart gekocht
150 g	Räucherlachs
60 g	Salatmayonnaise
120 g	Doppelrahm-frischkäse
½	Limette, Saft davon
1 TL	Dill, getr.
etwas	Salz & Pfeffer
250 g	Tramezzini-Brot
8 gr.	Salatblätter

So geht's

Eier schälen und zusammen mit dem Lachs in den Mixtopf geben und **6 Sek./Stufe 4** zerkleinern. Mit dem Spatel nach unten schieben. Mayonnaise, Frischkäse, Limettensaft und Gewürze zugeben und **10 Sek./Stufe 3** verrühren.

Tramezzini-Brot mit der Lachscreme bestreichen und mit Salatblättern belegen. Eine weitere Brotscheibe darauf setzen. In 8 Sandwich-Dreiecke schneiden.

Pro Portion:
210 kcal · 16 g KH · 9 g EW · 12 g Fett

TOMATEN-Butter

Zutaten

1	Knoblauchzehe
1 kl.	rote Zwiebel, halbiert
50 g	getr. Softtomaten
250 g	Butter
40 g	Tomatenmark
2 TL	ital. Kräuter, getr.
etwas	Salz & Pfeffer

Tipp:

Die Tomatenbutter ist bis zu 1 Woche im Kühlschrank haltbar. Passt auch sehr gut zu gebratenem Fleisch.

So geht's

Knoblauch und Zwiebel in den Mixtopf geben und **5 Sek./Stufe 6** hacken. Softtomaten in eine Tasse geben und mit kochendem Wasser auffüllen, 5 Min. ziehen lassen. Aus dem Wasser nehmen und auf einem Küchenkrepp abtrocknen. In den Mixtopf zugeben und **5 Sek./Stufe 6** hacken. Restliche Zutaten hinzufügen und **15 Sek./Stufe 4** vermengen.

Pro Portion:
200 kcal · 2 g KH · 1 g EW · 21 g Fett

Bagel-SANDWICH

MIT TOMATENHUMMUS

Pro Bagel:
485 kcal · 57 g KH
19 g EW · 19 g Fett

6 BAGELS

Hummus ergibt 270 g

Zutaten

6	Bagels
1 Hdv.	Salatblätter
2	Tomaten
etwas	Salz & Pfeffer
200 g	Fetakäse
etwas	frischer Dill

TOMATENHUMMUS

200 g	Kichererbsen (Konserve, Abtr.gew.)
80 g	Wasser
½ TL	Salz
25 g	passierte Tomaten
25 g	Tomatenmark
60 g	Tahin (Sesampaste)
1 EL	Zitronensaft
1 EL	Olivenöl
etwas	Pfeffer, gem.

Tipp:

Füllen Sie den Hummus in ein kleines Glas und packen Sie ein paar Gemüsesticks zum Dippen dazu (z. B. Gurke, Paprika, Karotte, Sellerie usw.)

So geht's

Zuerst den Hummus zubereiten. Kichererbsen, Wasser und Salz in den Mixtopf geben und **10 Min./100°C/Stufe 0.5** garen. Restliche Zutaten für den Hummus zugeben und **10 Sek./Stufe 4** mixen. Alles mit dem Spatel nach unten schieben und **2 Min./Stufe 3.5** cremig rühren.

Bagels nacheinander toasten oder alle zusammen bei 200°C Ober-/Unterhitze ca. 5 Min. im Backofen rösten. Mit Tomatenhummus bestreichen. Ein paar Salatblätter darauf geben. Tomaten in Scheiben schneiden und auf die Bagels geben. Mit Salz & Pfeffer würzen. Fetakäse zerbröseln, Dill grob hacken und auf die Tomatenscheiben geben. Deckel darauf setzen und fertig sind die Bagels zum Mitnehmen.

GRIECHISCHE Pita-Nachos MIT FETACREME

Zutaten

4	Pitabrote (340 g)
1-2 EL	Olivenöl
1 TL	Zataar-Gewürzmischung

FÜR DIE FETACREME

1	Knoblauchzehe
1 Hdv.	Dill
1 Hdv.	Petersilie
30 g	Paprika
25 g	getr. Tomaten
100 g	Fetakäse
70 g	Schmand
25 g	Milch, 1,5%
etwas	Pfeffer, gem.
1 TL	Zitronensaft

So geht's

Für die Fetacreme Knoblauch, Dill und Petersilie im Mixtopf **5 Sek./Stufe 7** hacken. Paprika und getrocknete Tomaten zugeben und **4 Sek./Stufe 7** hacken. Feta zugeben und **4 Sek./Stufe 5** zerkleinern. Alles mit dem Spatel nach unten schieben. Schmand, Milch, etwas Pfeffer und Zitronensaft zugeben und **40 Sek./Stufe 3** cremig rühren.

Pitabrote in kleine Dreiecke schneiden, auf ein mit Backpapier belegtes Backblech legen, mit Olivenöl bestreichen und mit Zataar-Gewürz bestreuen. Im vorgeheizten Backofen bei 200°C Umluft ca. 6-7 Min. rösten.

Pro Portion:
391 kcal · 49 g KH
13 g EW · 15 g Fett

GRIECHISCHE

Salsa

4 PORT.

Zutaten

300 g	Salatgurke
250 g	Tomaten
½	rote Zwiebel
100 g	Fetakäse
50 g	Kalamata-Oliven, entsteint
1 TL	Olivenöl
2 TL	Zitronensaft
etwas	Salz & Pfeffer
etwas	gehackter Dill

So gehts

Gurke vierteln und die Kerne herausschneiden. Zusammen mit Tomaten und Zwiebel klein würfeln. Fetakäse mit den Händen zerbröseln und mit restlichen Zutaten mischen.

Pro Portion:
128 kcal · 4 g KH · 6 g EW · 9 g Fett

Mango-Curry-Dip

4 PORT.

Zutaten

75 g	Mayonnaise
50 g	Crème fraîche
1 TL	Limettensaft
75 g	süßes Mango-Chutney*
1 TL	Worcestersauce
2 TL	Currypulver, gem.
etwas	Salz & Pfeffer

**Gibt es in der Asia-Abteilung im Supermarkt.*

So geht's

Alle Zutaten verrühren, entweder im Thermomix **20 Sek./Stufe 4** oder mit einem Schneebesen in einer Schüssel. Wer möchte, kann noch etwas schwarzen Sesam darüber streuen.

Pro Portion:
193 kcal · 5 g KH · 1 g EW · 18 g Fett

Cremes für SANDWICHES

Belegte Brote sind eine großartige Wahl für ein Picknick, da sie einfach zuzubereiten, leicht zum Mitnehmen und vielseitig sind. Besonders lecker wird´s, wenn man die Brote reich belegt. Hier haben wir zwei leckere Creme-Rezepte als Basis für sämtliche Arten von Brot. Egal ob Toast, Vollkornbrot, Weißbrot, Ciabatta, Bagels oder auch Croissants.

Nach Lust und Laune belegen!

Zuerst die Sandwiches mit der Creme bestreichen, dann z. B. mit Salat, Tomaten, Gurkenscheiben, Käse, Zwiebel, Mais, Essiggurken oder gekochtem Ei belegen.

Hier dürfen Sie ganz kreativ sein. Aber auch ohne weitere Zutaten (also nur mit Creme) schmeckt das Sandwich schon super lecker!

Tipp:
Auch die Fetacreme (s. Seite 9) ist als Basis geeignet.

4 PORTIONEN

PUTENSCHINKEN-CREME

Zutaten

25 g	rote Zwiebel
1 Hdv.	Petersilie
150 g	Putenbrustaufschnitt
10 g	Ketchup
1 TL	Senf, mittelscharf
1 TL	Röstzwiebeln
100 g	Mayonnaise
¼ TL	Salz
¼ TL	Pfeffer, gem.

So geht's

Zwiebel und Petersilie im Mixtopf **5 Sek./Stufe 6** hacken. Mit dem Spatel nach unten schieben. Restliche Zutaten zugeben und **25 Sek./Stufe 3.5** cremig rühren.

Pro Portion:
235 kcal · 3 g KH
8 g EW · 21 g Fett

4 PORTIONEN

THUNFISCH-CREME

Zutaten

40 g	rote Zwiebel
1 Hdv.	Petersilie
160 g	Thunfisch (in Öl)
15 g	Ketchup
60 g	Mayonnaise
1 TL	Paprikapulver, edelsüß
¼ TL	Salz
¼ TL	Pfeffer, gem.
1 TL	Zitronensaft

So geht's

Zwiebel und Petersilie im Mixtopf **5 Sek./Stufe 6** hacken. Mit dem Spatel nach unten schieben. Restliche Zutaten zugeben und **25 Sek./Stufe 3.5** cremig rühren.

Pro Portion:
173 kcal · 2 g KH
10 g EW · 13 g Fett

Manakish

KLEINE FLADENBROTE

Pro Portion:
277 kcal · 42 g KH
10 g EW · 7 g Fett

8 PORTIONEN

Zutaten

100 g	Wasser
70 g	Milch, 1,5%
15 g	frische Hefe
2 TL	Zucker
460 g	Pizzamehl
125 g	Naturjoghurt, 3,5%
1	Ei
1 TL	Salz
2 EL	Wasser
2 EL	Öl

Zum Bestreichen und Bestreuen:

1	Eigelb
1 EL	Milch
1 EL	Zaatar-Gewürzmischung
1 EL	Sesam

So geht's

Wasser, Milch, Hefe und Zucker in den Mixtopf geben **2 Min./37°C/Stufe 2** erwärmen. Restliche Zutaten zugeben und **2 Min./Teigstufe** kneten. Teig aus dem Mixtopf nehmen und abgedeckt ca. 1 Std. gehen lassen.

Backofen auf 230°C Umluft vorheizen. Nach der Gehzeit Teig in 8 Portionen teilen und diese mit etwas Mehl zu kleinen Fladen ausrollen. Fladen auf zwei mit Backpapier belegte Backbleche setzen.

Eigelb und Milch in einer Tasse verrühren und die Fladen damit bestreichen. Mit Zaatar und Sesam bestreuen und im vorgeheizten Backofen ca. 10 Min. backen.

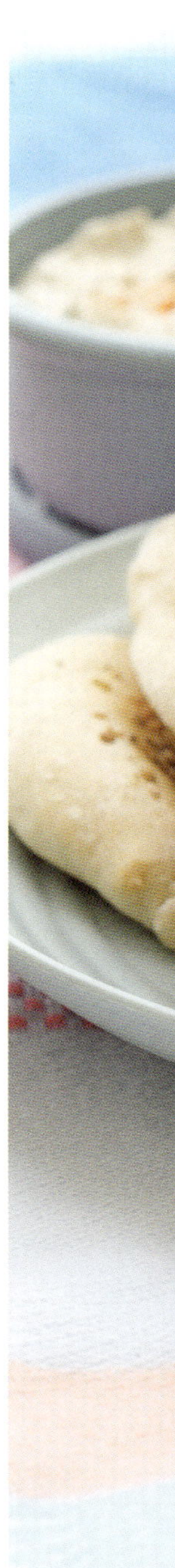

ORIENTALISCHE Auberginencreme MIT DATTELN & CURRY

Zutaten

2 kl.	Auberginen
15 g	Öl
1	Knoblauchzehe
50 g	Datteln, getr.
200 g	Doppelrahmfrischkäse
75 g	Schmand
1 TL	Currypulver
½ TL	Paprikapulver, edelsüß
etwas	Salz
etwas	Pfeffer, gem.

Tipp:

Die Creme passt perfekt zu Manakish! Wer es gerne scharf mag, gibt etwas Chiliflocken mit in die Creme.

So geht's

Für die Creme Auberginen längs halbieren und mit einer Gabel mehrmals einstechen. Auf ein mit Backpapier belegtes Backblech legen und mit Öl bepinseln. Bei 200°C Ober-/Unterhitze für ca. 30 Min. in den Ofen geben. Danach abkühlen lassen und Fruchtfleisch von der Haut trennen.

Knoblauch und Datteln im Mixtopf **10 Sek./Stufe 7** zerkleinern. Auberginen-Fruchtfleisch und restliche Zutaten für die Creme zugeben und **25 Sek./Stufe 4** mixen.

Pro Portion:
272 kcal · 16 g KH
5 g EW · 21 g Fett

Quinoa-SALAT IM GLAS

Mit Granatapfel & Kichererbsen

6 PORTIONEN

2 Gläser à 350 ml

Zutaten

200 g	Quinoa, weiß
½	Granatapfel
1	grüne Spitzpaprika
100 g	Radieschen
100 g	Kichererbsen (Konserve)

TIPP FÜR Variante:

Anstelle von Quinoa kann man auch Couscous verwenden.

FÜR DAS DRESSING

1	Knoblauchzehe
1 Hdv.	Petersilie
25 g	Olivenöl
30 g	Apfelessig
1 EL	Granatapfelsirup
1 TL	Sumac (Gewürz)
1 EL	Zitronensaft
etwas	Salz
etwas	Pfeffer, gem.

So geht's

Quinoa in ein Sieb geben und gut waschen. Zusammen mit 500 g Wasser in den Mixtopf geben und **12 Min./100°C/Sanftrührstufe** kochen. Danach absieben, kalt abschrecken und in eine Schüssel geben.

Vom Granatapfel die Kerne auslösen und zusammen mit klein geschnittener Paprika und Radieschen zur Quinoa geben. Kichererbsen abtropfen lassen und ebenso zugeben. Für das Dressing Knoblauch und Petersilie in den Mixtopf geben und **5 Sek./Stufe 7** hacken. Restliche Dressing-Zutaten hinzufügen und **10 Sek./Stufe 3** mischen. Dressing zur Quinoa geben, alles gut vermengen und in Gläser füllen.

Pro Portion:
211 kcal · 30 g KH
6 g EW · 7 g Fett

MEXIKANISCHER Taco-SALAT

Tipp:
Dazu passt sehr gut die Guacamole siehe Seite 26.

Pro Portion:
657 kcal · 30 g KH
23 g EW · 47 g Fett

4 GLÄSER

à 500 ml

Zutaten

1 kl.	rote Zwiebel, halbiert
20 g	Olivenöl
250 g	Rinderhackfleisch
½ TL	Salz
¼ TL	Pfeffer, gem.
½ TL	Kreuzkümmel, gem.
1 TL	Paprikapulver, edelsüß
½ TL	Kurkuma, gem.
100 g	passierte Tomaten
25 g	Tomatenmark
½ Kopf	Eisbergsalat
1 Dose	Kidneybohnen (Abtr.gew. 250 g)
1 Dose	Mais (Abtr.gew. 140 g)
200 g	Cocktailtomaten
1 P.	Nachos (ca. 100 g)

FÜR DAS DRESSING

200 g	Crème fraîche
30 g	Weißweinessig
20 g	Olivenöl
etwas	Salz & Pfeffer

So geht's

Zwiebel in den Mixtopf geben und **5 Sek./Stufe 5** zerkleinern. Öl zugeben und **2 Min./Varoma/Stufe 1** dünsten. Hackfleisch und Gewürze zugeben und weitere **2 Min./Varoma/ ↺ /Sanftrührstufe** garen. Passierte Tomaten und Tomatenmark zugeben und **1:30 Min./Varoma/ ↺ /Sanftrührstufe** garen. Umfüllen und abkühlen lassen.

Eisbergsalat klein schneiden und auf die Gläser verteilen. Zutaten für das Dressing in einer kleinen Schüssel vermengen, 1 EL je Glas auf den Salat geben. Abgekühlte Hackmasse darauf verteilen. Abgetropfte Kidneybohnen und Mais darauf geben. Cocktailtomaten klein schneiden und mit restlichem Dressing auf die Gläser aufteilen. Nachos separat einpacken und vor dem Servieren auf die Gläser verteilen.

6 PORTIONEN

NACHOS MIT Guacamole

Zutaten

½	rote Chili
1 Hdv.	Koriander
2	reife Avocados
1	Limette, Saft davon
etwas	Salz & Pfeffer
½	Tomate

So gehts

Chili und Koriander in den Mixtopf geben und **5 Sek./Stufe 6** hacken. Avocado-Fruchtfleisch zugeben und **3 Sek./Stufe 5** zerkleinern. Alles mit dem Spatel nach unten schieben. Limettensaft sowie etwas Salz und Pfeffer zugeben und **1 Min./Stufe 3.5** cremig rühren.

Von der Tomate die Kerne entfernen und Fruchtfleisch in kleine Würfel schneiden. Tomatenwürfel in den Mixtopf zugeben und **3 Sek./Stufe 3** unterrühren.

Pro Portion:
185 kcal · 4 g KH · 1 g EW · 10 g Fett

8 PORTIONEN

MEXICAN Salsa

Zutaten

1	Knoblauchzehe
1 kl.	rote Zwiebel, halbiert
15 g	Öl
½	rote Paprika
½	grüne Paprika
1 Dose	stückige Tomaten (400 g)
30 g	brauner Zucker
40 g	Weißweinessig
2 EL	Paprikapulver, edelsüß
1 TL	Salz
½	Limette, Saft davon
2 TL	Chiliflocken
30 g	Tomatenmark

So geht's

Knoblauch und Zwiebel in den Mixtopf geben und **5 Sek./Stufe 6** hacken. Öl zugeben und **2 Min./Varoma/Stufe 1** dünsten. Paprika in kleine Würfel schneiden, mit den restlichen Zutaten (außer Tomatenmark) zugeben und **20 Min./100°C/ ↺ /Sanftrührstufe** garen. Tomatenmark zugeben und **8 Sek./ ↺ /Stufe 3** unterrühren. Salsa-Sauce in ein großes Schraubglas füllen.

TIPP FÜR Layered Dip:

Mit Sour Cream, Cheddarkäse und Frühlingszwiebel in ein kleines Glas schichten.

Pro Portion:
67 kcal · 9 g KH · 2 g EW · 3 g Fett

Zucchini-MUFFINS MIT FETA

Pro Stück:
165 kcal · 10 g KH
6 g EW · 11 g Fett

Zutaten

1	Zucchini
170 g	Fetakäse, light
125 g	Butter
2	Eier
150 g	Milch, 1,5 %
125 g	Mehl
2 TL	Backpulver
1 TL	Salz
½ TL	Paprikapulver, edelsüß
¼ TL	Pfeffer, gem.
1 TL	Oregano, getr.

Tipp:

Alternativ können Sie den Teig auch in kleinen Kuchenförmchen backen.

So gehts

Backofen auf 180°C Umluft vorheizen.
Zucchini in den Mixtopf geben und **5 Sek./Stufe 5** zerkleinern. Masse auf ein Geschirrtuch geben und den Saft ausdrücken. Trockene Zucchinimasse zusammen mit zerbröseltem Feta in eine große Schüssel geben.

Butter, Eier und Milch in den Mixtopf geben und **1 Min./Stufe 5** mixen. Mehl, Backpulver und Gewürze zugeben und **10 Sek./Stufe 4** vermengen. Teig zur Zucchini-Feta-Masse geben und mit einem Esslöffel gut vermengen.

Ein Muffinblech mit Öl einfetten und die Masse in die Mulden einfüllen. Im vorgeheizten Backofen 20-25 Min. backen.

PIKANTES Caprese-TIRAMISU

Pro Glas:
305 kcal · 13 g KH
8 g EW · 23 g Fett

6 GLÄSER

Zutaten

100 g Tramezzini-Brot
300 g Mini-Rispentomaten
150 g Mozzarellabällchen
etwas Salz & Pfeffer
etwas Olivenöl
12 kl. Basilikumblätter
20 g Pistazien, gehackt
etwas Balsamicocreme

FÜR DIE CREME

1 gr. Hdv. Basilikumblätter
300 g Doppelrahmfrischkäse
1 TL Balsamicocreme
40 g Sahne
etwas Salz & Pfeffer

Brot-Topping:

Tramezzini-Brotwürfel in einer Pfanne mit etwas Olivenöl anrösten und auf die Gläser verteilen.

So gehts

Für die Creme Basilikumblätter in den Mixtopf geben und **5 Sek./Stufe 6** zerkleinern. Restliche Zutaten für die Creme zugeben und **10 Sek./Stufe 3.5** vermengen. In einen Spritzbeutel mit Sterntülle füllen.

Aus dem Tramezzini-Brot 6 runde Scheiben mithilfe eines Glases ausstechen. Brotreste in kleine Würfel schneiden. Ebenso Tomaten und Mozzarella klein würfeln.

Die Hälfte der Creme auf den Boden von 6 Gläsern spritzen. Ein paar Tomaten darauf geben und mit Salz und Pfeffer würzen. Brotscheibe darauflegen und mit etwas Olivenöl beträufeln. Je Glas 2 Blätter Basilikum darauflegen. Restliche Tomaten und Mozzarella auf die Gläser aufteilen und restliche Creme in Tupfen darauf spritzen. Mit Pistazien, mit gerösteten Tramezzini-Brotwürfeln und etwas Balsamicocreme dekorieren.

MINI-GEMÜSE-Quiche

MIT SPINAT & FETA

Hinweis:

Kann ohne Besteck vernascht werden. Dazu kann man noch Trauben und Käsewürfel einpacken. Die Quiche kann bereits am Vortag gebacken werden.

Pro Portion:
252 kcal · 16 g KH
6 g EW · 18 g Fett

Zutaten

1	Ei
125 g	Butter
1 TL	Salz
225 g	Mehl, Type 405

FÜR DIE FÜLLUNG

50 g	Karotte
50 g	Lauch
100 g	rote Paprika
15 g	Olivenöl
125 g	Blattspinat
100 g	Sahne
150 g	Fetakäse
1	Ei
100 g	Schmand
1 TL	Zwiebelpulver
1 TL	Paprikapulver, edelsüß
1 TL	Salz
¼ TL	Pfeffer, gem.
¼ TL	Muskat, gem.

So geht's

Für den Teig alle Zutaten in den Mixtopf geben und **15 Sek./Stufe 4** vermengen. Teig herausnehmen und für 15 Min. in den Kühlschrank stellen.

Für die Füllung Karotte, Lauch und Paprika in Stücken in den Mixtopf geben und **5 Sek./Stufe 6** hacken. Mit dem Spatel nach unten schieben. Öl zugeben und **2 Min./120°C/Stufe 1** dünsten. Spinat und Sahne zugeben und noch mal **1 Min./Varoma/Sanftrührstufe** garen. Dann **5 Sek./Stufe 5** zerkleinern. Fetakäse mit den Händen in den Mixtopf bröseln. Restliche Zutaten für die Füllung zugeben und **7 Sek./Stufe 3.5** mischen.

Teig in 12 Portionen teilen, rund ausrollen und in die Mulden einer gefetteten Muffinform legen. Füllung in die Mulden geben und im vorgeheizten Backofen bei 180°C Ober-/Unterhitze ca. 25 Min. backen.

BLÄTTERTEIG-Kringel

"FLAMMKUCHEN-STYLE"

Pro Portion:
458 kcal · 23 g KH
11 g EW · 35 g Fett

8 PORTIONEN

Zutaten

2 Rollen Blätterteig (à 280 g)
100 g Doppelrahmfrischkäse
100 g Speckwürfel
1 EL Röstzwiebeln
1 EL Milch, 1,5%
¼ TL Pfeffer, gem.
¼ TL Muskat, gem.
150 g Gouda, gerieben

Zum Bestreichen & Bestreuen:
1 Eigelb
1 EL Milch
1 EL Sesam (altern. Mohn)

So geht's

Backofen auf 200°C Umluft vorheizen. Eine Rolle Blätterteig entrollen und auf eine bemehlte Arbeitsfläche geben. Frischkäse, Speckwürfel, Röstzwiebeln, Milch und Gewürze im Mixtopf **10 Sek./Stufe 3** vermengen. Auf den Blätterteig streichen und mit Käse bestreuen.

Zweiten Blätterteig darauflegen, Papier abziehen und fest andrücken. Blätterteig von der kurzen Seite her in 8 Streifen schneiden. Diese ineinander verdrehen und zu einem Kreis formen, die Enden fest verschließen. Die Kringel auf zwei mit Backpapier belegte Backbleche setzen.

Eigelb mit Milch verrühren, die Kringel damit bestreichen und mit Sesam bestreuen. Im vorgeheizten Backofen ca. 15 Min. backen.

MINI-Gemüse-Pide MIT FETA

Pro Portion:
119 kcal · 21 g KH
4 g EW · 1 g Fett

Zutaten

15 g	frische Hefe
80 g	Milch, 1,5%
80 g	Wasser
1 TL	Zucker
250 g	Mehl, Type 405
½ TL	Salz

Zum Bestreuen/Bestreichen

etwas	schwarzer Sesam
1	Eigelb
1 EL	Milch

FÜR DEN BELAG

1 Hdv.	Petersilie
1	rote Chilischote
80 g	rote Paprika
200 g	Cocktailtomaten
1 TL	Knoblauchpulver
1 TL	Paprikapulver, rosenscharf
¼ TL	Pfeffer, gem.
1 TL	Kreuzkümmel, gem.
1 TL	Koriander, gem.
40 g	Fetakäse

So geht's

Für den Teig Hefe, Milch, Wasser und Zucker im Mixtopf **2 Min./37°C/Stufe 1** erwärmen. Mehl und Salz zugeben und **2 Min./Teigstufe** kneten. Teig umfüllen und abgedeckt ca. 40 Min. gehen lassen. Mixtopf spülen.

Petersilie und Chili im Mixtopf **5 Sek./Stufe 6** hacken. Paprika zugeben und **5 Sek./Stufe 5** zerkleinern. Cocktailtomaten klein schneiden und mit den restlichen Zutaten für den Belag (außer Fetakäse) zugeben. Das Ganze **10 Min./100°C/Stufe 1** garen.

Nach der Gehzeit Teig in 10 Portionen teilen (à 40 g) und zu ovalen Fladen (ca. 12 cm lang) ausrollen. Diese auf ein mit Backpapier belegtes Backblech setzen. Backofen auf 200°C Umluft vorheizen. Nun je 1 EL der Gemüsemasse darauf geben. Die Enden zusammendrücken, sodass eine Spitze entsteht. Mit Fetakäse bestreuen. Eigelb mit Milch verrühren und die Teigschiffchen am Rand damit bestreichen. Mit Sesam bestreuen und für 15 Min. in den Backofen geben.

Focaccia-STANGEN

MIT TOMATEN UND OLIVEN

Pro Portion (10):
327 kcal · 39 g KH
6 g EW · 16 g Fett

Für den Teig

60 g Milch, 1,5%
150 g Wasser, lauwarm
10 g frische Hefe
400 g Mehl, Type 405
1 EL Öl
1 TL Salz

AUSSERDEM

1 Rolle Blätterteig (280 g)
150 g Cocktailtomaten
60 g Oliven, entsteint
3-4 EL Olivenöl

Tipp:
Wer möchte, kann die Stangen noch mit geriebenen Käse bestreuen.

So geht's

Alle Teigzutaten in den Mixtopf geben und **4 Min./Teigstufe** kneten. Teig in eine Schüssel umfüllen und abgedeckt ca. 1 Std. gehen lassen.

Backofen auf 200°C Umluft vorheizen.
Teig auf etwas Mehl zu einem Rechteck ausrollen. Das Rechteck sollte die gleiche Größe wie der Blätterteig haben. Blätterteig nun auf das Teigrechteck legen und zweimal falten. Nun wieder auf die gleiche Größe ausrollen. Teig in 8-10 Stangen schneiden und diese auf zwei mit Backpapier belegte Backbleche setzen.

Mit klein geschnittenen Cocktailtomaten und Oliven belegen, diese in den Teig eindrücken.
Mit Olivenöl bestreichen und im vorgeheizten Backofen ca. 15 Min. backen.

Italienische PINWHEELS

MIT PEPERONI-TOMATEN-CREME

Können am Vortag zubereitet werden.

8 PORTIONEN

Zutaten

8	Tortillafladen (320 g)
100 g	Blattsalat
150 g	Salami
150 g	Mozzarella, gerieben

FÜR DIE CREME

5	eingelegte Peperoni
75 g	getrocknete Tomaten, in Öl
1 Hdv.	Basilikumblätter
200 g	Doppelrahmfrischkäse
1 EL	Milch, 1,5%
1 TL	Knoblauchpulver
1 TL	Zwiebelpulver
½ TL	Salz
½ TL	Paprikapulver, rosenscharf
¼ TL	Pfeffer, gem.

Tipp:

Schnelle Tortellinispieße: Hierzu Tortellini kochen und mit Mozzarella und Tomate aufspießen. Darüber kommt Balsamicocreme o. Pesto und Salz und Pfeffer.

So gehts

Für die Creme Peperoni, Tomaten und Basilikum im Mixtopf **5 Sek./Stufe 7** hacken. Mit dem Spatel nach unten schieben. Restliche Zutaten für die Creme zugeben und **20 Sek./Stufe 3.5** cremig rühren.

Tortillafladen dick mit Creme bestreichen und mit Salat, Salami und Mozzarella belegen. Fest aufrollen und die Rollen in Frischhaltefolie wickeln. Im Kühlschrank mehrere Stunden oder über Nacht durchkühlen lassen. Zum Picknick dann in Scheiben schneiden, aufspießen und luftdicht einpacken.

Pro Portion:
340 kcal · 27 g KH
13 g EW · 20 g Fett

Picknick-KUCHEN

MIT QUARK & MOHN

Pro Stück:
248 kcal · 22 g KH
8 g EW · 14 g Fett

30 STÜCK

Zutaten

200 g	Butter
175 g	Zucker
475 g	Mehl, Type 405
1,5 TL	Backpulver
50 g	Milch, 1,5%
75 g	Mandelblättchen
25 g	Pistazien, gehackt

FÜR DIE QUARKCREME

750 g	Magerquark
200 g	Crème fraîche
150 g	Sahne
150 g	Mohn
50 g	Zucker
3	Eier
50 g	Mehl
etwas	Vanillearoma

Tipp:
Packen Sie dazu ein paar frische Früchte ein.

So geht's

Backofen auf 160°C Umluft vorheizen. Butter, Zucker, Mehl und Backpulver in den Mixtopf geben und **30 Sek./Stufe 4** zu einem streuseligen Teig verarbeiten. Dabei die Milch (5 EL) durch das Deckelloch zugeben. ⅔ des Teiges zwischen zwei Lagen Backpapier oder Frischhaltefolie ausrollen und den Teig auf ein mit Backpapier belegtes Backblech legen.

Zutaten für die Quarkcreme in den Mixtopf geben und **30 Sek./Stufe 5** mixen. Masse auf den Teig geben und glatt streichen. Mixtopf spülen.

Restliche Teigstreusel, Mandelblättchen und Pistazien in den Mixtopf geben und **10 Sek./Stufe 4** vermengen. Auf die Quarkschicht streuen und ca. 35 Min. backen.

ERDBEER-Cheesecake IM GLAS

Pro Portion:
289 kcal · 32 g KH
9 g EW · 13 g Fett

6 GLÄSER

à 230 ml

Zutaten

125 g	Haferkekse
200 g	Sahne
50 g	Zucker
300 g	Magerquark
etwas	Abrieb einer Tonkabohne
500 g	Erdbeeren
1 EL	Zitronensaft
1 P.	Vanillezucker

So geht's

Haferkekse in einen Gefrierbeutel geben und mit einem Nudelholz zerbröseln, auf 6 Gläser aufteilen. **Rühraufsatz einsetzen.** Sahne und Zucker in den Mixtopf geben und auf **Stufe 3.5** unter Sichtkontakt steif schlagen. Quark und Abrieb der Tonkabohne zugeben und **10 Sek./Stufe 3** vermengen. Rühraufsatz entfernen und Creme umfüllen. Mixtopf spülen.

Erdbeeren halbieren und jeweils 6 Hälften mit der Schnittfläche nach außen in das Glas stellen. Quark-Creme einfüllen und etwas nach unten drücken. Restliche Erdbeeren mit Zitronensaft und Vanillezucker in den Mixtopf geben und **15 Sek./Stufe 4.5** pürieren.

Püree auf die Gläser aufteilen, verschließen und im Kühlschrank lagern.

Solero-Dessert im Glas

Pro Portion:
254 kcal · 34 g KH
8 g EW · 9 g Fett

6 GLÄSER

à 230 ml

Zutaten

125 g Haferkekse
125 g Sahne
30 g Puderzucker
300 g Magerquark
1 Vanilleschote, Mark davon

FÜR DIE FRUCHTSCHICHT

1 P. Vanillepuddingpulver
350 g Maracujanektar

1 Dose Pfirsiche, halbe Frucht (Abtr.gew. 230 g)

So geht's

Haferkekse in einen Gefrierbeutel geben und mit einem Nudelholz zerbröseln, auf 6 Gläser aufteilen. **Rühraufsatz einsetzen.** Sahne und Puderzucker in den Mixtopf geben und auf **Stufe 3.5** unter Sichtkontakt steif schlagen. Rühraufsatz entfernen und Sahne umfüllen. Mixtopf spülen.

Vanillepuddingpulver und Maracujanektar in den Mixtopf geben und **7 Sek./Stufe 7** mixen, dann **6 Min./90°C/Stufe 3** erhitzen. Pudding umfüllen. Mixtopf muss nicht gespült werden!

Quark und Mark der Vanilleschote in den Mixtopf geben. 2 EL des Puddings zugeben und **10 Sek./Stufe 4.5** mixen. Sahne zugeben und erneut **10 Sek./Stufe 4.5** mixen. Creme auf die Gläser aufteilen. Den leicht abgekühlten Pudding auf die Quarkcreme schichten und mit den in Stücke geschnittenen Pfirsichen bedecken. Im Kühlschrank aufbewahren.

6 PORTIONEN

KRÄUTER-

Zutaten

1 gr. Hdv. Basilikumblätter
1 gr. Hdv. Minze
1 gr. Hdv. Zitronenmelisse
1 Liter Apfelsaft
1 Zitrone, Saft davon
25 g Zucker

So geht's

Alle Zutaten in den Mixtopf geben und **12 Min./100°C/Sanftrührstufe** aufkochen. Nun 30 Min. ziehen lassen.

Danach in eine Flasche absieben. Ergibt 1,2 Liter.

Tipp: Am besten über Nacht im Kühlschrank gut durchkühlen lassen und mit Zitronenscheiben servieren.
3-4 Tage im Kühlschrank haltbar.

Pro Portion:
102 kcal · 23 g KH · 0,5 g EW · 0 g Fett